STORÏAU HANES CYMRU

WILLIAM MORGAN A'R BEIBL CYMRAEG

JOHN EVANS

Lluniau gan Shane Marsh

Powys
DREF WEN

Dyma hanes William Morgan.
Cafodd ei eni mewn tŷ ffarm
yng ngogledd Cymru
dros bedwar can mlynedd yn ôl.

Dyma'r tŷ lle cafodd ei eni.
Enw'r tŷ yw Tŷ Mawr, Wybrnant.

Er bod William yn glyfar,
doedd ei rieni ddim yn gallu fforddio
ei yrru i'r ysgol.

Roedd dyn cyfoethog o'r enw
Maurice Wynn yn byw gerllaw.
Dywedodd, "Fe wna i dalu
i William gael mynd i'r ysgol."

Gweithiodd William yn galed
yn yr ysgol,
ac ar ôl tyfu fe ddaeth yn ficer.
Ficer eglwys
Llanrhaeadr-ym-Mochnant oedd e.

Bob dydd Sul, yn yr eglwys,
byddai'n darllen o'r Beibl yn Saesneg.
Ond dim ond Cymraeg
roedd y bobl yn ei deall.

Dyma'r frenhines Elisabeth I.
Hi oedd brenhines Cymru a Lloegr
pan oedd William yn fyw.
Roedd hi am i bawb yng Nghymru
wybod beth oedd yn y Beibl.

Dywedodd Elisabeth,
“Mae angen rhywun
i ysgrifennu’r Beibl yn Gymraeg,
ond pwy all wneud hyn?”

Clywodd William am ddymuniad
y Frenhines ac aeth ati
i ysgrifennu'r Beibl yn Gymraeg.

Bob nos byddai William
yn cynnau cannwyll, ac yn eistedd
wrth ei ddesg i weithio.
Roedd yn ysgrifennu ar bapur
gyda phluen ac inc.
Fe gymerodd amser maith iawn
iddo orffen ei waith!

Nawr, roedd rhaid argraffu'r Beibl.
Ond doedd neb yng Nghymru
yn medru gwneud hyn.

Felly aeth William ar ei geffyl
yr holl ffordd i Lundain i gael
dyn i wneud y gwaith argraffu.

Roedd y wasg argraffu
yn ddyfais newydd, a doedd William
ddim wedi gweld un o'r blaen.

Roedd yn meddwl
ei fod yn beiriant gwych.

Yn gyntaf, roedd pob gair
yn cael ei wneud
o lythrennau metel.
Yna roedd y geiriau'n
cael eu rhoi mewn llinellau
mewn ffrâm bren.

Doedd yr argraffwr
ddim yn deall Cymraeg,
felly roedd yn rhaid i William wneud
yn siŵr fod y gwaith yn gywir.

Wedyn byddai'r llythrennau
yn cael eu gwlychu ag inc,
a byddai dalen o bapur
yn cael ei rhoi drostyn nhw.
Yna roedd y papur a'r llythrennau
yn cael eu gwasgu at ei gilydd
yn y peiriant argraffu.

Yn olaf, roedd y papur
yn cael ei hongian ar gortyn
i'r inc sychu. Dyna un tudalen
o Feibl William Morgan
wedi'i argraffu.

Roedd cannoedd o
dudalennau yn y Beibl.
Cymerodd flwyddyn gyfan
i'w hargraffu.
Cafodd un Beibl ei yrru
at y Frenhines Elisabeth,
ac roedd hi wrth ei bodd.

Meddai hi,
"Rhaid i bob eglwys
yng Nghymru gael un
o Feiblau William Morgan."

Bob dydd Sul,
gallai'r bobl glywed y Beibl
yn cael ei ddarllen yn Gymraeg.

Nawr roedden nhw'n deall
beth oedd yn y Beibl.
Beibl William Morgan oedd
y llyfr pwysicaf yng Nghymru.

MYNEGAI

Mae John Evans a Shane Marsh wedi datgan eu hawl i gael eu hadnabod y naill fel awdur a'r llall fel arlunydd y gwaith hwn yn unol â Deddf Hawlfraint, Dyluniadau a Phatentau 1988. Cyhoeddwyd 1996 gan Wasg y Dref Wen, 28 Ffordd yr Eglwys, Yr Eglwys Newydd, Caerdydd CF4 2EA. Ffôn 01222 617860. Argraffwyd yn Hong Kong.

Dyluniad clawr gan Elgan Davies. Llun clawr cefn: Tŷ Mawr, Wybrnant, gan yr awdur.